AF260150

QUATRE LETTRES

D'UN

ONSERVATEUR LIBÉRAL

A UN RÉPUBLICAIN

LIBÉRAL ET CONSERVATEUR AUSSI

PARIS

IMPRIMERIE CENTRALE DES CHEMINS DE FER

A. CHAIX ET C⁰

RUE BERGÈRE, 20, PRÈS DU BOULEVARD MONTMARTRE

———

1873

QUATRE LETTRES

D'UN

CONSERVATEUR LIBÉRAL

A UN RÉPUBLICAIN

LIBÉRAL ET CONSERVATEUR AUSSI

QUATRE LETTRES

D'UN

CONSERVATEUR LIBÉRAL

A UN RÉPUBLICAIN

LIBÉRAL ET CONSERVATEUR AUSSI

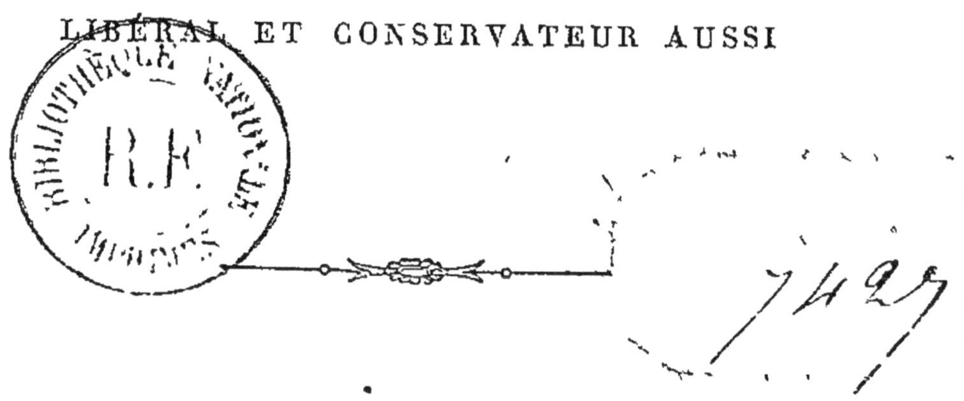

PARIS

IMPRIMERIE CENTRALE DES CHEMINS DE FER

A. CHAIX ET Cie

RUE BERGÈRE, 20, PRÈS DU BOULEVARD MONTMARTRE

1873

PREMIÈRE LETTRE

LE SUFFRAGE UNIVERSEL

Septembre 1873.

Monsieur,

En me communiquant vos idées sur
notre situation présente, et plus encore
sur les causes qui l'ont amenée que sur
les moyens d'en sortir, vous êtes con-
duit à me parler du suffrage universel,
de l'ancien régime, de la Révolution
française, de la démocratie et aussi de
M. Thiers et de l'Assemblée nationale
actuelle. Vous le faites, comme toujours, avec cette indépendance de ca-

ractère , avec ce patriotisme élevé et dégagé d'esprit de parti qui nous ont liés l'un à l'autre et qui font que, sans nous connaître, je veux dire sans nous être jamais rencontrés, mais par estime et sympathies réciproques, nous nous écrivons quelquefois, pas aussi souvent que je le voudrais. Permettez-moi, Monsieur, non de combattre, pas même de discuter votre opinion, mais de vous donner la mienne sur quelques-uns des points que vous traitez dans la lettre à laquelle je réponds.

En ce qui regarde notre système électoral, je m'associe à plusieurs de vos appréciations, particulièrement à celle d'où il résulte clairement pour moi que, malgré vos sympathies pour le suffrage universel, vous trouvez que celui-ci a pénétré chez nous trop brusquement; qu'il a pris place dans nos lois avant d'être suffisamment entré dans nos mœurs, avant que l'instruction ait été assez développée dans les masses pour avoir appris à chaque citoyen que, devant le scrutin comme ailleurs, à tout droit correspond un devoir.

Je partage aussi, mais seulement en partie, votre crainte qu'une réforme timide et incomplète du suffrage universel ne produise pas les effets qu'on en attend, et qu'une telle réforme, — *telum imbelle et sine ictu,* — n'ait d'autre vertu que celle de surexciter les masses, de les entraîner encore plus à gauche, et d'amener ainsi un résultat diamétralement opposé à celui que, dans l'intérêt de la paix sociale et de la véritable liberté, nous souhaiterions, vous et moi.

Toutefois, je ne saurais admettre avec vous que, si on n'a pas la volonté ou si on ne se sent pas la force de supprimer absolument le suffrage universel, il faille, par prudence, se résigner à le garder tel qu'il est. Vingt-cinq ans d'âge, deux ans de domicile, et, comme sous la première république, trois journées par an de travail à l'État pour être citoyen actif, ne me semblent pas des conditions déraisonnables et tellement anti-démocratiques qu'il y ait lieu d'en prendre ombrage. Je ne vais pas même jusqu'à proposer le suffrage à deux degrés, si favorables que soient d'ailleurs à ce mode de votation bon nombre d'esprits libéraux : je tiens, comme

vous, que, dans les circonstances ac-
tuelles, une telle réforme offrirait chez
nous plus de dangers que d'avantages.
Question d'opportunité, non de prin-
cipe, et par conséquent sous toutes ré-
serves d'une opinion que l'avenir pourra
modifier.

Vous me dites, Monsieur, que, « dans
son ensemble », le suffrage universel
est « essentiellement conservateur ».
J'admets que son intérêt soit de l'être,
car l'homme qui vit de son labeur n'a
rien à gagner et même il a tout à perdre lorsque, une révolution éclatant, le
travail cesse, comme c'est la règle. Ce
ne sont point, d'ailleurs, les prolétaires
qui forment la masse de la nation, car
qui n'est pas un peu propriétaire, un
peu rentier, un peu patenté aujour-

d'hui ? Tout cela, dont nous faisons partie, constitue la majorité des votants, et, dans chacune de nos crises sociales ou politiques, tout cela souffre comme les contribuables d'autrefois, comme ceux qu'on appelle encore les riches.

Cependant qui oserait soutenir qu'avec un suffrage aussi universel, aussi désordonné, tranchons le mot, que nous l'avons, et dont le similaire n'existe nulle part, la France soit à l'abri d'un coup de surprise? Mettons, si vous le voulez, que le suffrage universel soit d'essence conservatrice, accordons-nous d'abord pour dire qu'il est d'humeur fantasque et, de plus, omnipotent. C'est pourquoi je trouve qu'il faut, à tout prix, essayer de le régler. Je n'affirme pas qu'on réussira; mais il me semble que les réformes ci-dessus formulées restent plutôt en deçà qu'elles ne vont au-delà des modifications possibles et raisonnables.

Remontons, s'il vous plaît, à la triste année 1871. Avant de s'éteindre dans le pétrole et dans le sang, la Commune de Paris m'a, comme à tous les honnêtes gens, causé une grande douleur ; elle m'a fait honte pour mon pays. Elle ne m'a pas fait peur. Pourquoi? parce que c'était un fait insurrectionnel, qui, eût-il gagné quelques-unes de nos grandes villes, et même une partie de nos campagnes, n'avait pas la loi pour lui. Dès lors, je n'ai cru ni à son extension ni à sa durée. Supposons, au contraire, une Assemblée nationale régulièrement élue, et, par surprise du suffrage uni-

versel, composée en majorité, je ne dis
pas d'énergumènes, mais d'intrigants et
de rêveurs comme il y en a tant, race
qui, toujours disposée à tout promettre,
a, pour se faire adopter par les gens
ignorants et crédules, des facilités que
d'autres n'ont pas. Attendons que cette
Assemblée ait voté non pas l'incendie, le
pillage et l'assassinat, mais tout simplement des lois qui, bénignes en appa-
rence, soient, en fait, destructives des
grands principes sociaux, particulièrement
de la propriété, et dites-moi comment, le
mal produit, nous parviendrons à y
porter remède..... Je sais bien que,
trois ans ou cinq ans plus tard, d'autres
élections générales venant, la réaction
se fera d'elle-même; mais la ruine aura
passé par là, et, surtout parce qu'elle

y aura passé légalement, le désastre
sera devenu irréparable. J'avoue que,
devant cette perspective, je ne renonce
pas à chercher un moyen de corriger,
ne fût-ce qu'en partie, ce que notre
système électoral actuel a évidemment
de défectueux, de malsain, et d'échap-
per ainsi au danger dont il nous menace.

Encore une fois, j'ignore si on réussira ; mais, la catastrophe venant, je ne
me pardonnerais pas de n'avoir rien
essayé pour la prévenir, dussé-je
d'ailleurs me tromper sur les moyens à
prendre pour cela. Ceci soit dit sans
aucune intention de faire obstacle à la
démocratie et de revenir à l'ancien régime, pas même au régime des élec-
teurs censitaires, tel qu'il a fonctionné

chez nous sous la monarchie constitutionnelle, c'est-à-dire longtemps après
que la Révolution française était accom-
plie. L'ancien régime est fini, Monsieur ;
la Révolution française y a mis un ter-
me ; la démocratie est venue, mais
comment la pratiquons-nous ?

Si vous le voulez bien, nous par-
lerons de cela dans une prochaine
lettre.

Agréez, etc.   Z.

DEUXIÈME LETTRE

L'ANCIEN RÉGIME, LA RÉVOLUTION.
LA DÉMOCRATIE

2

Septembre 1873.

Monsieur,

Malgré l'attachement, plus grand que
nature, que vous me supposez pour
l'ancien régime, vous me rendez cette
justice que je ne suis pas un admira-
teur aveugle des abus d'autrefois, non
plus que, de mon côté, je ne vous
range parmi les hommes pour qui la
Révolution française est, sous tous ses
aspects, une arche sainte, un tout com-
pacte et homogène qu'il faille honorer
jusque dans ses excès. En ces matières,

je ne connais pas de juge plus com-
pétent que Tocqueville. Or, je ne
fais que reproduire l'opinion de cet
illustre maître, en disant qu'à la
veille de la Révolution, sans qu'il fût
besoin de recourir à celle-ci, la liberté
et l'égalité venaient d'elles-mêmes, et
la démocratie s'imposait à tout le monde, même à ceux qui ne voulaient pas
d'elle. Sans doute, il restait à compter
avec bien des obstacles, notamment
avec les antagonismes dont vous me
parlez et dont je suis loin de contester
la survivance, même aujourd'hui. Mais
la question est de savoir si, par voie de
résistance légale, par le simple vote de
l'impôt, les États généraux ressuscitant
après un siècle et demi d'abandon, nous
ne serions pas arrivés plus vite et plus
sûrement au but que par le chemin

qu'on a suivi, chemin dont nous ne voyons pas encore le bout. Tocqueville penche pour l'affirmative, et je me range à son opinion, sans d'ailleurs méconnaître, non plus que lui, les côtés faibles du « bon vieux temps ».

Ce n'est point à vous, Monsieur, qu'il est nécessaire d'essayer d'apprendre qu'il y a deux anciens régimes : celui d'avant Louis XIV et celui d'après. Par libéralisme, non par esprit rétrograde, j'aime mieux le premier que le second, mais je n'admire ni l'un ni l'autre ; je me borne à constater qu'en 1789, sous le poids de l'opinion publique éclatant dans les cahiers d'alors, tous les deux s'en allaient croulant.

C'était affaire de mois, d'années peut-être ; mais, dans les esprits, la révolution était faite et le résultat était cer-

tain. La nuit du 4 août avait, mieux
que l'échafaud de Louis XVI, fait les affaires de la démocratie. Je ne me con-
tente pas d'ailleurs de penser, comme
vous, que l'avènement de la démocratie est chose forcée ; qu'il y au-
rait folie à tenter de barrer le passage
au torrent ; qu'il faut seulement, comme
vous dites, travailler à l'endiguer. Je
crois, en outre, que cet avènement,
conséquence naturelle et couronnement
légitime du grand fait historique qui
s'appelle chez nous le progrès du tiers-
état, est mêlé sans doute de bien et de
mal, mais que le bien surtout en sorti-
rait si notre aveuglement, nos passions,
nos préjugés, nos rancunes, ne faisaient
qu'à certains jours c'est le mal qui pré-
domine. Au lieu de prendre l'ancien régime pour ce qu'il est, pour une chose

absolument finie et impossible à faire revivre, le démocratisme moderne, affolé par la ridicule outrecuidance de quelques hobereaux impuissants, affecte de le prendre au sérieux. Si clair-semés, si peu redoutables que soient ceux-ci, abandonnés et même combattus qu'ils sont par leurs pairs, il les craint, il pose devant eux en victime; sous prétexte d'une égalité sociale poussée jusqu'au chimérique, il persiste à jalouser, quand il ne les injurie pas, ceux que jadis on appelait les aristocrates, et cela jusqu'au sein de l'égalité politique la plus grande que présente le monde moderne.

On ne refait pas seulement des suspects, on donne corps à des fantômes. Pour porter ombrage aux nouvelles « couches sociales, » il n'est pas nécessaire d'être duc ou marquis, il suffit d'être un riche bourgeois, et l'intelligence elle-même, si elle ne s'abaisse, court risque d'être maltraitée.

Il n'est pas jusqu'à la bienfaisance, celle-ci fût-elle absolument pure et désintéressée, qui ne soit considérée comme un moyen d'influence abusif et illégitime. Si celui qui l'exerce va à la messe, sans d'ailleurs avoir jamais employé d'autres moyens que ceux de l'exemple ou de la persuasion pour engager autrui à l'y suivre, et cût-il passé sa vie à dire bien haut qu'il déteste la contrainte en matière religieuse, c'est un « clérical ». Comme tel, il est bon à pendre. — Va pour la corde ! Non-seulement je l'accepte, mais je déclare que, dans ces conditions, elle me plairait si la liberté et l'intérêt social y pouvaient trouver leur compte. Ils ne l'y trouvent pas, et voilà le mal. D'alliés qu'on pourrait être, on devient ennemis. Il semble qu'il n'y ait pas de milieu entre apostasier et perdre la foi avec des sectaires, ou bien, avec d'autres, perdre la tête, montrer le poing au monde moderne, et le menacer, jour et nuit, de l'Inquisition.

Je persiste cependant à penser qu'il y a place entre ces deux extrêmes, et cela même depuis le dogme de l'Immaculée-Conception, qui, s'il gênait quelqu'un, ne gênerait en tout cas que ceux auxquels il convient d'y croire; même depuis le *Syllabus*, que les dissidents attaquent avec rage, que d'imprudents adeptes défendent avec excès en prenant plaisir à en exagérer les conséquences, et qu'à travers cette lutte acharnée, personne n'a le loisir d'interpréter avec calme, sagesse et liberté d'esprit.

Voilà, Monsieur, où le bât nous blesse. Des intempérances de langage réciproques font qu'au lieu de nous unir, nous nous divisons, et cela entre alliés naturels. Nous allons même jusqu'à nous outrager, sans nous apercevoir que, de la sorte, nous faisons le jeu du troisième larron qui nous guette : empire autoritaire ou république radicale, nous n'échapperons à l'un ou à l'autre qu'en changeant de conduite. Pour cela, il faut commencer par changer de programme. Je ne crois pas que les partis monarchiques aient fait à la république actuelle autant de mal que lui en a fait ce mot imprudent et faux, si souvent répété, même par les modérés de gauche : « Il faut *d'abord* que tous les républicains soient unis. » Eh non ! Il y a des gens auxquels, pour ma

part, je ne veux point m'unir; et même
je ne m'unirai qu'à ceux qui, pour essayer de fonder un gouvernement, rom-
pront carrément avec ceux-là. Et d'ailleurs, dans un pays bouleversé, comme
le nôtre, par cent ans bientôt de révo-
lutions, de surprises et d'escamotages, ce
qu'il faut *d'abord*, c'est que tous les
honnêtes gens se rapprochent; c'est que,
sans abdiquer leurs opinions sur la pré-
férence à donner à telle ou telle forme
de gouvernement régulier, ils luttent
ensemble contre le césarisme, d'une part,
contre l'anarchie, de l'autre. De cette
union seulement pourra sortir, à l'état
stable, soit une république conservatrice,
soit une monarchie libérale.

En attendant, ne perdons pas notre
temps à essayer de dresser des pyramides
sur la pointe. Quand même on les pein-

drait en blanc, ou en bleu, ou en tricolore,
à plus forte raison en rouge, ça ne tiendrait pas. Si nous voulons que notre
édifice résiste, occupons-nous surtout
de lui donner une base large et solide,
sans d'ailleurs considérer comme indif-
férente la question du nom qu'il con-
viendra d'inscrire sur le fronton. Il y
a eu longtemps trop d'idolâtres parmi
les monarchistes : la monarchie en est
morte. Il y en a trop parmi les républicains de nos jours : si cela dure, la
république en mourra. République ou
monarchie, la France ne veut plus de
gouvernement qui lui soit imposé ou
seulement présenté comme un dogme;
mais elle en viendra, espérons-le,
à accepter et à garder celui dont
elle aura reconnu l'utilité pour elle-
même. Ce jour-là, elle comprendra en-

fin un langage qu'elle ne paraît pas encore comprendre à présent : le langage des hommes qui, sans verser d'ailleurs dans le scepticisme politique et sans prétendre que toutes les formes de gouvernement soient également applicables et bonnes à tous les pays et à tous les temps, gardent pour telle forme ou pour telle autre des préférences toutes de raison, et demandent seulement que, chez nous, chaque question reprenne son rang, les premières avant les secondes.

Peut-on dire de nos républicains d'aujourd'hui que, sur la question de gouvernement, ils soient devenus raisonnables au même degré seulement que les royalistes? N'est-il pas vrai que, sans abandonner ce qu'ils appellent le droit monarchique, — libre aux autres d'en faire autant pour le droit républicain, — les monarchistes de nos jours en sont venus, pour la plupart, à présenter à la France la monarchie par le côté des services que, suivant eux, elle pourrait nous rendre, non par celui des abstractions philosophiques et du droit divin, si souvent faussé dans les interprétations qu'on en donne?

Qu'au lieu de persister à vouloir faire acclamer la République, et cela parce qu'elle s'appelle la République, les républicains cessent de prononcer ce nom comme une menace à l'adresse de quiconque ne leur paraît pas assez républicain; qu'ils essayent enfin de nous faire une république protectrice de tous nos intérêts; qu'ils nous la présentent, qu'ils nous la montrent, et alors ils auront des chances pour que les conservateurs libéraux et d'autres encore les aident à nous conserver cette forme de gouvernement. Mais, pour cela, il faudrait d'abord rassurer les gens, et la République n'y parviendra qu'en commençant par se couper la queue. Loin de consentir à ce sacrifice, ceux-là même d'entre nos républicains auxquels cette queue déplaît et fait horreur commettent l'irréparable faute de laisser croire qu'ils tiennent à cet appendice et qu'ils n'auront pas le courage de s'en séparer. Parce que les monarchistes, en s'unissant, comme c'est leur droit, préparent, dit-on, le rétablissement de la monarchie, les plus modérés d'entre les républicains ont le tort de s'allier à des gens qui n'ont de républicain que le nom et qui tueront, eux, la République.

Un autre jour, Monsieur, je me propose de répondre à la partie de votre lettre qui, ayant trait à la présidence de M. Thiers et à l'Assemblée nationale actuelle, marque peut-être le point de dissidence le plus accentué entre les républicains conservateurs et les conservateurs libéraux.

Agréez, etc.   Z.

TROISIÈME LETTRE

L'ASSEMBLÉE NATIONALE ET M. THIERS

Septembre 1873.

Monsieur,

C'est par un malheur, réparable peut-
être, mais qui ne sera pas aisément ré-
paré, que deux années qui, avec l'accord
des pouvoirs publics, pouvaient être uti-
lement employées à panser nos plaies,
l'aient été surtout à nous déchirer, et
cela même entre modérés, entre conservateurs républicains et conservateurs
libéraux, les uns ayant pris parti pour
le Président, les autres pour l'Assem-

blée nationale. Je suis de ces derniers.

Cependant, je ne méconnais, croyez-le bien, aucune des fautes que tel ou tel membre trop ardent de la majorité a commises, particulièrement celle de soulever parfois des questions insolubles et d'agiter ainsi le pays sans aucun profit pour personne, hormis pour les gens de désordre. Ce qui me frappe, c'est que jamais il ne s'est trouvé, dans la majorité elle-même, une majorité pour suivre ceux de ses membres qui se laissaient ainsi emporter. Force des choses tant qu'il vous plaira, sinon abnégation personnelle, c'est toujours, au moment d'agir, la raison qui a prévalu.

Vous allez, je m'y attends, m'objecter le 24 mai. Nous y viendrons. Mais je tiens d'abord à établir que, non plus que les fautes commises par certains membres de la majorité, je ne conteste aucun des services rendus par M. Thiers. Pourquoi faut-il qu'il ait négligé de nous rendre le plus grand de tous : celui qui consistait dans l'accord sincère, permanent, nécessaire au point de vue libéral comme au point de vue conservateur, des deux grands pouvoirs de l'État ? Que fallait-il pour cimenter cet accord ? — Que, soit à Bordeaux, soit à Versailles, M. Thiers refît lui-même la monarchie, et cela dans des circonstances où il la jugeait impossible ? — Non. — Qu'à tout le moins il se prêtât à la laisser faire, tout en restant président de la République ? — Pas même.

Autant, étant données les convictions de M. Thiers, j'aurais compris et approuvé que, sans publicité, sans éclat, mais nettement et résolûment, le président fît savoir à l'Assemblée souveraine de France qui l'avait élu et dont il était alors le bras qu'il ne se prêterait point à la manœuvre et qu'il se retirerait le jour où, la question constitutionnelle se posant, l'Assemblée croirait pouvoir refaire une monarchie qu'à tort ou à raison il tenait, lui, pour impossible, — autant, à mon sens, M. Thiers a péché :

1° En agaçant l'Assemblée et en dépopularisant celle-ci par la perpétuelle menace de sa démission, dans une foule de cas où la constitution n'était point

en jeu : loi militaire, matières premières, etc., etc.;

2° En oubliant, lui, l'homme des li-
bertés nécessaires, de la liberté parlementaire en particulier, que si le pouvoir exécutif n'est pas, à proprement
parler, le subordonné de l'autre, son
nom seul indique qu'il n'en est pas non
plus le maître, et en se comportant, à
certains jours, envers l'Assemblée nationale, comme l'empereur Napoléon III
lui-même, de mémoire peu parlementaire, ne se comportait ni avec ses
ministres, ni avec son Corps législatif;

3° En jetant lui-même, par l'éclat
donné à son trop fameux message, dans
un des plateaux d'une balance qu'il
devait tenir d'une main impartiale une
épée de Brennus à laquelle il lui était

interdit de toucher, à lui l'inventeur du pacte de Bordeaux, investi comme tel de la confiance des députés que sa parole avait entraînés sur ce terrain.

Séduit par les cajoleries républicaines, et se dévouant, sans le vouloir, c'est ma conviction, à servir la cause de ceux qui, en attendant qu'ils le missent à la remorque, le prenaient comme « cheval de renfort » pour les aider à monter la côte, M. Thiers a eu le tort d'oublier qu'il était le seul homme de France auquel, en la circonstance, il était interdit non d'avoir, mais d'exprimer publiquement une opinion sur la question constitutionnelle. Son successeur sait bien, lui, que tel est son devoir, et il ne perd aucune occasion de montrer qu'il s'en souvient. Chaque fois que M. Mac-Mahon parle, et quoique le pacte de Bordeaux ne le lie pas au même degré que M. Thiers, qui en fut l'auteur, c'est pour se renfermer avec scrupule dans son rôle de président. Le soldat disparaît devant le citoyen ; le maréchal de France devient un simple Washington. Le pouvoir exécutif n'excède plus ; tant que le législatif n'a pas parlé, il s'efface, et, de la sorte, il fait comprendre, sinon accepter la république, même par ceux qui ne sont pas républicains. L'Assemblée, dit-on, a commis des fautes. La faute lourde, la faute capitale, pour un homme aussi sagace, aussi avisé que M. Thiers, n'est-elle pas de n'avoir pas compris qu'après avoir, à Bordeaux, enfermé nos députés dans le provisoire en

leur disant qu'au jour venu, ils auraient
deux portes pour en sortir, il ne pou-
vait, avec l'autorité d'un pouvoir accru
par une grande popularité personnelle,
venir fermer lui-même une de ces deux
portes, en déclarant que, bon gré mal
gré, il fallait passer par l'autre? Ceci
n'était fait pour plaire ni aux royalistes
de Versailles, ni même aux parlementai-
res. Ceux-ci n'entendaient pas qu'on leur
forçât la main, surtout aux applaudissements d'un parti de désordre, qui, d'un
bout de la France à l'autre, proclama,
ce jour-là, l'irrévocable déchéance de
l'Assemblée, et somma insolemment
nos députés d'avoir à se dissoudre dans
les vingt-quatre heures. Aux cris de joie
des insurgés qu'il avait vaincus dans
Paris, M. Thiers dut s'apercevoir, et tout

de suite, que dans son message de novembre, il était allé trop loin.

Il est vrai que, dès le 14 décembre
suivant, dans un discours resté célèbre,
et à propos de pétitions réclamant la
dissolution de l'Assemblée nationale, le
garde des sceaux, M. Dufaure, défendit
le droit de celle-ci et tança les agitations
radicales en termes tels, qu'il rallia au-
tour de sa proposition d'ordre du jour
pur et simple une majorité sans laquelle
le gouvernement devenait impossible.
En dépit de tout le tapage que les agi-
tateurs avaient fait, peut-être même à
cause de cela, cette majorité fut énor-
me (483 voix contre 196), et la déten-
te immédiate qui s'opéra dans les rap-
ports de l'Assemblée avec la présidence
dut prouver aux plus incrédules que

l'Assemblée n'était point ingrate et que, même après les torts du Président, elle ne méconnaissait pas ses services. Pour conclure avec lui une paix durable, la majorité demandait seulement que, comme de droit, ce fût elle en fait, et elle seule, qui, devant le public, restât arbitre et juge de l'époque à laquelle il conviendrait de poser la question constitutionnelle.

Cependant, le coup de massue appliqué par le garde des sceaux sur la tête des dissolutionnistes n'avait pas suffi pour les réduire au silence et à l'inaction. L'agitation continua, meneurs et journaux laissant de côté le discours de M. Dufaure et s'appuyant toujours sur le message présidentiel pour sommer l'Assemblée de se dissoudre. Lorsque, après plusieurs mois écoulés, M. Dufaure remonta à la tribune ; lorsque M. Thiers lui-même y parut, et, aux applaudissements de la majorité, devant le silence glacial de la gauche, lorsqu'il essaya, trois heures durant, d'expliquer son Message en l'atténuant, il était trop tard.

Trop tard est un mot qui, dans toutes nos crises, ne joue un si grand rôle que parce qu'il exprime souvent une vérité. L'effet était produit, et produit d'une manière à peu près irréparable. Sous prétexte qu'il était temps de fonder la république ; que M. Thiers lui-même l'avait dit; que, voulussent-ils s'employer à voter les lois constitutionnelles, les députés de Versailles étaient incapables et indignes d'entreprendre cette œuvre nationale, ce ne furent pas seulement Lyon et Marseille qui, le 11 mai 1873, signifièrent à l'Assemblée son congé en lui envoyant des hommes compromis dans les souvenirs de la Commune. Quinze jours avant cela, Paris lui-même, ce Paris auquel M. Thiers avait tant sacrifié, voulant, comme toujours, « donner sa leçon, » l'avait donnée, et bien rudement, à M. Thiers lui-même, tout en se flattant d'atteindre seulement l'Assemblée. En dépit des efforts des personnages marquants de la gauche, devenus subitement sages (¹) ce jour-là, l'affole-

---

(¹) Encore les comités républicains, qui, en cette occasion, prirent le parti de rompre avec la gauche extrême, ne se montrèrent-ils sages qu'à moitié. On se souvient des innombrables affiches qui,

ment républicain, surexcité par d'imprudentes paroles, par d'anciennes récriminations, par des conflits sans cesse renaissants entre la présidence et l'Assemblée, crut que, pour sauver la République en danger, il n'y avait rien de mieux à faire qu'à laisser à la porte de l'Assemblée nationale le vieil ami, le propre ministre de M. Thiers, M. de Rémusat, celui-là même qui, au département des affaires étrangères, avait concouru plus que d'autres,

---

émané s d'eux, couvrirent à cette époque les murs de Paris, et dans lesquelles les modérés non notoirement républicains n'étaient pas moins maltraités que M. de Rémusat n'y était défendu. Ce n'était pas, il faut en convenir, le moyen d'obtenir de leur part un concours bien énergique.

avec le président, avec l'Assemblée
nationale, avec la nation tout en-
tière, il faut le dire, à l'œuvre difficile
de la libération du territoire. Une écra-
sante majorité nomma le citoyen Barodet, et, d'une extrémité de la France à
l'autre, à Paris comme ailleurs, au lendemain de ce vote aussi · maladroit que
significatif, un immense cri retentit.
Les uns disaient : la révolution va de
nouveau nous envahir; les autres se
contentaient de dire : la République est
morte; les républicains l'ont, encore une
fois, tuée.

Ceci se passait le 27 avril. C'était la
veille du 24 mai, jour mémorable, béni
par les uns, maudit par les autres, et
sur lequel, Monsieur, je vous demande
la permission de m'expliquer avec vous,

dans une prochaine lettre, aussi librement que je viens de le faire sur tout le reste.

Agréez, etc.

Z.

———

QUATRIÉME LETTRE

—————

LE VINGT-QUATRE MAI ET SES SUITES

Septembre 1873.

Monsieur,

Après quatre mois écoulés, nous entendons dire encore tous les jours que le vote du 24 mai fut un acte de coalition et un acte d'ingratitude. A mon sens, ni l'une ni l'autre de ces deux assertions n'est fondée.

Qu'on soit républicain, légitimiste, orléaniste (il restait alors des orléanistes de fait et de nom) ou simplement parlementaire, ce n'est point se coaliser que de voter ensemble dans une cir-

constance où, trouvant que le gouvernement a tort, il faudrait se donner tort
à soi-même pour en venir à lui donner
raison. Ce n'est pas non plus être ingrat, ni méconnaître les services rendus
en d'autres occasions par M. Thiers, que
d'avoir, au 24 mai, accepté la démission du Président, si l'on croyait que
la politique de celui-ci devenait dangereuse pour la France. M. Thiers lui-
même a eu le bon goût de proclamer
cette vérité en répondant aux dames de
Belfort, qui, elles aussi, se plaignaient
des ingrats.

Non plus que vous, Monsieur, je ne
fais partie de la Chambre actuelle : le
fardeau est si lourd et la responsabilité
si grande qu'il ne m'est jamais arrivé
de regretter l'honneur. Mais je vous

avoue que, député, je n'aurais pas hé-
sité un instant à voter avec la majorité
du 24 mai. Cependant, je suis de ceux
qui, pendant deux ans, n'ont pas cessé
un seul jour de désirer, de conseiller et
même d'espérer l'union de tous les modérés du pays, union provoquée et ci-
mentée par celle que, jusqu'au dernier
moment, j'ai crue possible entre le Président et la Chambre. Je n'ai perdu cette il-
lusion que le jour où MM. Barodet, Ranc
et Lockroy éta ntnommés, au grand effroi
des conservateurs et au grand mécon-
tentement de M. Thiers, celui-ci poussa
la faiblesse, la condescendance envers
le parti qui venait de le mordre lui-même
jusqu'au sang, au point de déclarer, le 24
mai au matin, du haut de la tribune nationale, que, suivant lui, on prenait trop d'om-

brage des dernières élections de Paris,
de Marseille et de Lyon. Sur cette parole malheureuse, le pont, plusieurs fois
jeté entre la majorité de l'Assemblée et
la présidence, se trouva coupé, et il était
impossible qu'il en fût autrement. L'a-
bîme était béant ; il venait d'être décou-
vert par plusieurs de ceux qui, jusque-
là, avaient suivi la politique présiden-
tielle. La question étant posée comme
elle le fut au 24 mai, et cela par M.
Thiers lui-même, les véritables conservateurs de l'Assemblée, ceux qui l'é-
taient de fait (j'admets que, parmi les
autres, il reste des conservateurs d'intention) ne pouvaient que tirer l'é-
chelle, je veux dire accepter le marché
que le président de la République venait
de leur mettre à la main.

Le choix, immédiatement fait, du loyal Maréchal Mac-Mahon, notoirement étranger à la politique des partis, ennemi seulement des hommes de désordre, ami de la loi, dont il est devenu le bras et qu'il saura faire respecter, — ce choix indique assez qu'au 24 mai, la majorité n'a voulu faire ni un coup d'État ni un coup de surprise. Elle a voulu seulement rester, comme c'était son rôle, et elle reste l'arbitre légal de la situation. Qu'on lui conteste ou non le pouvoir, on ne peut lui contester le droit. Fidèle encore au pacte de Bordeaux, dont il semble au reste que la nation se lasse, l'Assemblée se recueille pendant les vacances qu'elle s'est données, et qui, mettant chacun de ses membres en communication directe avec la nation, leur donnent à tous des facilités pour, à la rentrée, se prononcer en connaissance de cause.

Espoir ou crainte, tout le monde prévoit qu'à cette époque, c'est-à-dire en novembre prochain, la question constitutionnelle se posera. Nul ne sait, nul ne peut dire, à l'heure qu'il est, comment elle sera résolue, ni même si elle le sera. Ce que l'on sait, c'est qu'il y a en France nombre d'hommes qui, par raison, non par amour, s'étaient rattachés, dans ces derniers temps, à la forme républicaine. Pour n'en citer que deux, M. Casimir Périer et M. Thiers lui-même sont de ceux-là. De moins connus qu'eux n'ont point dit que la République fût abominable ; mais parce qu'ils se sont refusés à la proclamer éternelle ou seulement durable , on leur a dit à eux qu'ils « se réservaient » pour la monarchie. Rien n'est plus faux. Ce qui est vrai, c'est que, toutes considérations d'intérêt personnel mises de côté, ils ont voulu réserver leur pleine liberté d'option pour le cas où une belle et bonne monarchie constitutionnelle, qui leur a longtemps semblé préférable, leur semblerait de nouveau applicable.

En sommes-nous là, Monsieur ?—Là-dessus le doute reste permis. Devenue parlementaire au 24 mai, la République n'a rien en elle-même qui déplaise à ceux qui, comme moi, sont d'abord conservateurs libéraux. Peut-on dire qu'elle n'inquiète personne, même parmi les républicains qui, comme vous, sont d'abord libéraux et conservateurs ?...

Pour finir, Monsieur, je voudrais constater deux choses :

La première, c'est que si « l'essai loyal » dont il est d'usage aujourd'hui de se moquer à peu près partout, à gauche comme à droite, n'a point été fait à droite par tout le monde, notamment par ceux qui ne se sont jamais engagés à le faire, l'essai cependant a été fait, de ce côté, avec droiture par bien des hommes auxquels maintenant le parti républicain, même modéré, refuse le mérite de l'abnégation qu'ils y ont mise.

La seconde est que ce n'est pas précisément la faute de ceux qui, s'étant prêtés à faire l'essai républicain, l'ont fait de bonne foi, s'ils sont journellement conduits à le faire sans beaucoup de foi.

Soit au dedans de l'Assemblée nationale, soit au dehors de celle-ci, on pourrait citer, surtout parmi les jeunes gens, nombre de députés et de citoyens qui, au lendemain de nos désastres, n'avaient d'engagements pris avec personne, n'aimaient que la France et ne détestaient que ceux qui avaient amené l'étranger chez nous. Comment ceux-là, Monsieur, comment les plus libres et les plus désintéressés d'entre eux, ont-ils été traités par le gros du parti républicain?—Je ne dis pas, car je tiens à rester vrai en tout, que tous allaient avec entrain à la République; mais beaucoup y allaient sans prévention, sans déplaisir, quelques-uns même avec une sorte de confiance juvénile. Seulement il arrivait que, par conscience, par doute, par une certaine dignité personnelle à laquelle ne se mêlait, d'ailleurs, aucun sentiment d'hostilité, plusieurs voulaient laisser passer du temps et surtout attendre des actes avant de faire aucune profession de foi républicaine. Dans son intolérante étroitesse, dans son empressement à dominer ceux qui consentaient à être convertis, mais qui ne voulaient pas être contraints, le parti républicain a exigé qu'on se donnât à lui sur l'heure, publiquement et sans réserve. Au lieu d'ouvrir les portes au large sans rien exiger de personne, il a déclaré que, comme députés, comme conseillers généraux, comme simples conseillers municipaux, il n'admettrait, il ne tiendrait pour bons et valables que ceux qui, d'abord, auraient entonné son *Credo* politique. Avant même que l'arbre ne fût planté, les républicains ont voulu que partout on déclarât avec eux que les fruits ne pouvaient manquer d'en être excellents.

Alors, comme il fallait s'y attendre. ceux qui étaient persuadés du contraire ont nié; ceux qui doutaient ont refusé le serment prescrit, et c'est ainsi que d'amis possibles et d'amis d'autant plus utiles dans l'avenir qu'ils étaient, ceux-là, hommes de conviction et de caractère, la république s'est fait dans le présent des adversaires avec lesquels le 24 mai l'oblige maintenant à compter. Universellement exclus par les républicains et déclarés par eux impropres au service, ceux-là même d'entre les conservateurs libéraux qui n'ont pas pris parti pour la monarchie peuvent désormais se croire dispensés de se battre pour la république, si on l'attaque.

Voilà, Monsieur, toute notre histoire. Voilà aussi, du moins en partie, le secret des difficultés par où nous passons, et qui, je le crains comme vous, ne sont pas encore à la veille de finir. Je n'ai pas la prétention de croire que, dans la trop longue correspondance que je clos ici, j'aie beaucoup modifié vos jugements; j'ai celle de penser qu'à travers nos désaccords, vous me tiendrez toujours pour aussi sincère que je vous tiens.

Agréez, etc.

Z.

PARIS — IMP. A. CHAIX ET Cie, RUE BERGÈRE, 20. — 15617-3.